JANUARY	1	2	3	4	5	6	7	8	9	10	11	12	13	14	15	16	17	18	19	20	21	22	23
FEBRUARY	1	2	3	4	5	6	7	8	9	10	11	12	13	14	15	16	17	18	19	20	21	22	23
MARCH	1	2	3	4	5	6	7	8	9	10	11	12	13	14	15	16	17	18	19	20	21	22	23
APRIL	1	2	3	4	5	6	7	8	9	10	11	12	13	14	15	16	17	18	19	20	21	22	23
MAY	1	2	3	4	5	6	7	8	9	10	11	12	13	14	15	16	17	18	19	20	21	22	23
JUNE	1	2	3	4	5	6	7	8	9	10	11	12	13	14	15	16	17	18	19	20	21	22	23
JULY	1	2	3	4	5	6	7	8	9	10	11	12	13	14	15	16	17	18	19	20	21	22	23
AUGUST	1	2	3	4	5	6	7	8	9	10	11	12	13	14	15	16	17	18	19	20	21	22	23
SEPTEMBER	1	2	3	4	5	6	7	8	9	10	11	12	13	14	15	16	17	18	19	20	21	22	23
OCTOBER	1	2	3	4	5	6	7	8	9	10	11	12	13	14	15	16	17	18	19	20	21	22	23
NOVEMBER	1	2	3	4	5	6	7	8	9	10	11	12	13	14	15	16	17	18	19	20	21	22	23
DECEMBER	1	2	3	4	5	6	7	8	9	10	11	12	13	14	15	16	17	18	19	20	21	22	23

24 25 26 27 28 29 30 31

24 25 26 27 28 29

24 25 26 27 28 29 30 31

24 25 26 27 28 29 30

24 25 26 27 28 29 30 31

24 25 26 27 28 29 30

24 25 26 27 28 29 30 31

24 25 26 27 28 29 30 31

24 25 26 27 28 29 30

24 25 26 27 28 29 30 31

24 25 26 27 28 29 30

24 25 26 27 28 29 30 31

01 JANUARY

02 JANUARY

03 JANUARY

04 JANUARY

05 JANUARY

PLEASE LEAVE THE
BATTERY AS YOU
WISH TO FIND IT.
ALSO SWEEP
FORECOURT.
(WARDEN)

06 JANUARY

07 JANUARY

08 JANUARY

09 JANUARY

10 JANUARY

11 JANUARY

12 JANUARY

13 JANUARY

14 JANUARY

15 JANUARY

16 JANUARY

17 JANUARY

18 JANUARY

19 JANUARY

20 JANUARY

21 JANUARY

22 JANUARY

23 JANUARY

24 JANUARY

25 JANUARY

26 JANUARY

27 JANUARY

28 JANUARY

29 JANUARY

30 JANUARY

31 JANUARY

01 FEBRUARY

02 FEBRUARY

03 FEBRUARY

04 FEBRUARY

05 FEBRUARY

06 FEBRUARY

07 FEBRUARY

08 FEBRUARY

09 FEBRUARY

11 FEBRUARY

12 FEBRUARY

13 FEBRUARY

14 FEBRUARY

15 FEBRUARY

16 FEBRUARY

17 FEBRUARY

18 FEBRUARY

19 FEBRUARY

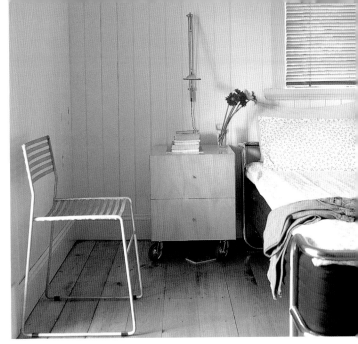

20 FEBRUARY

21 FEBRUARY

22 FEBRUARY

23 FEBRUARY

24 FEBRUARY

25 FEBRUARY

26 FEBRUARY

27 FEBRUARY

28 FEBRUARY

29 FEBRUARY

01 MARCH

02 MARCH

03 MARCH

04 MARCH

05 MARCH

06 MARCH

07 MARCH

08 MARCH

09 MARCH

10 MARCH

11 MARCH

12 MARCH

13 MARCH

14 MARCH

15 MARCH

16 MARCH

17 MARCH

18 MARCH

19 MARCH

20 MARCH

21 MARCH

22 MARCH

23 MARCH

24 MARCH

25 MARCH

26 MARCH

27 MARCH

28 MARCH

29 MARCH

30 MARCH

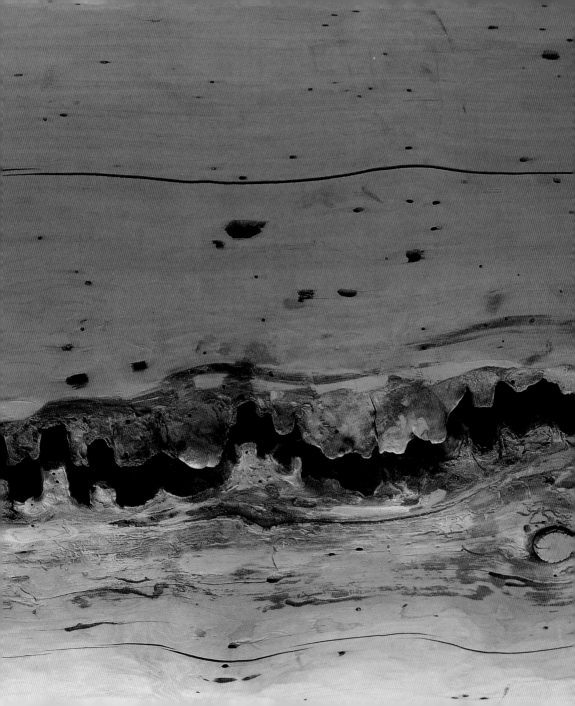

31 MARCH

01 APRIL

02 APRIL

03 APRIL

04 APRIL

05 APRIL

06 APRIL

07 APRIL

08 APRIL

09 APRIL

10 APRIL

11 APRIL

12 APRIL

13 APRIL

14 APRIL

15 APRIL

16 APRIL

17 APRIL

18 APRIL

19 APRIL

20 APRIL

21 APRIL

22 APRIL

23 APRIL

24 APRIL

25 APRIL

26 APRIL

27 APRIL

28 APRIL

29 APRIL

30 APRIL

01 MAY

02 MAY

03 MAY

04 MAY

05 MAY

06 MAY

07 MAY

08 MAY

09 MAY

10 MAY

11 MAY

12 MAY

13 MAY

14 MAY

15 MAY

16 MAY

17 MAY

18 MAY

19 MAY

20 MAY

21 MAY

22 MAY

23 MAY

24 MAY

25 MAY

26 MAY

27 MAY

28 MAY

29 MAY

30 MAY

31 MAY

01 JUNE

02 JUNE

03 JUNE

04 JUNE

05 JUNE

06 JUNE

07 JUNE

08 JUNE

09 JUNE

10 JUNE

11 JUNE

12 JUNE

13 JUNE

14 JUNE

15 JUNE

16 JUNE

17 JUNE

18 JUNE

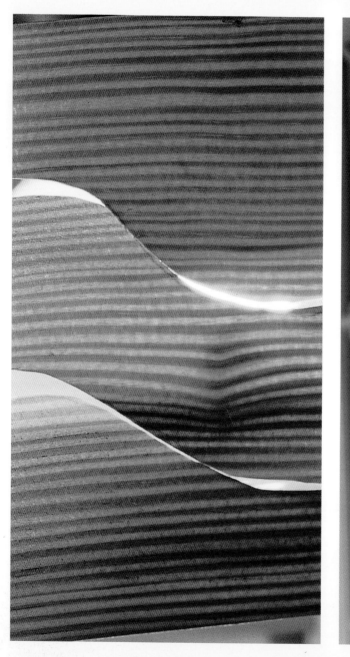
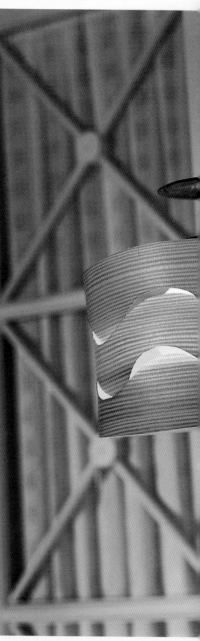

19 JUNE

20 JUNE

21 JUNE

22 JUNE

23 JUNE

24 JUNE

25 JUNE

26 JUNE

27 JUNE

28 JUNE

29 JUNE

30 JUNE

01 JULY

02 JULY

03 JULY

04 JULY

05 JULY

06 JULY

07 JULY

08 JULY

09 JULY

10 JULY

11 JULY

12 JULY

13 JULY

14 JULY

15 JULY

16 JULY

17 JULY

18 JULY

19 JULY

20 JULY

21 JULY

22 JULY

23 JULY

24 JULY

25 JULY

26 JULY

27 JULY

28 JULY

29 JULY

30 JULY

31 JULY

01 AUGUST

02 AUGUST

03 AUGUST

04 AUGUST

05 AUGUST

06 AUGUST

07 AUGUST

08 AUGUST

09 AUGUST

10 AUGUST

11 AUGUST

12 AUGUST

13 AUGUST

14 AUGUST

15 AUGUST

16 AUGUST

17 AUGUST

18 AUGUST

19 AUGUST

20 AUGUST

21 AUGUST

22 AUGUST

23 AUGUST

24 AUGUST

25 AUGUST

26 AUGUST

27 AUGUST

28 AUGUST

29 AUGUST

30 AUGUST

31 AUGUST

01 SEPTEMBER

02 SEPTEMBER

03 SEPTEMBER

04 SEPTEMBER

05 SEPTEMBER

06 SEPTEMBER

07 SEPTEMBER

08 SEPTEMBER

09 SEPTEMBER

10 SEPTEMBER

11 SEPTEMBER

12 SEPTEMBER

13 SEPTEMBER

14 SEPTEMBER

15 SEPTEMBER

16 SEPTEMBER

17 SEPTEMBER

18 SEPTEMBER

19 SEPTEMBER

20 SEPTEMBER

21 SEPTEMBER

22 SEPTEMBER

23 SEPTEMBER

24 SEPTEMBER

25 SEPTEMBER

26 SEPTEMBER

27 SEPTEMBER

28 SEPTEMBER

29 SEPTEMBER

30 SEPTEMBER

01 OCTOBER

02 OCTOBER

03 OCTOBER

04 OCTOBER

05 OCTOBER

06 OCTOBER

07 OCTOBER

08 OCTOBER

09 OCTOBER

10 OCTOBER

11 OCTOBER

12 OCTOBER

13 OCTOBER

14 OCTOBER

15 OCTOBER

16 OCTOBER

17 OCTOBER

18 OCTOBER

19 OCTOBER

20 OCTOBER

21 OCTOBER

22 OCTOBER

23 OCTOBER

24 OCTOBER

25 OCTOBER

26 OCTOBER

27 OCTOBER

28 OCTOBER

29 OCTOBER

30 OCTOBER

31 OCTOBER

01 NOVEMBER

02 NOVEMBER

03 NOVEMBER

04 NOVEMBER

05 NOVEMBER

06 NOVEMBER

07 NOVEMBER

08 NOVEMBER

09 NOVEMBER

10 NOVEMBER

11 NOVEMBER

12 NOVEMBER

13 NOVEMBER

14 NOVEMBER

15 NOVEMBER

16 NOVEMBER

17 NOVEMBER

18 NOVEMBER

19 NOVEMBER

20 NOVEMBER

21 NOVEMBER

22 NOVEMBER

23 NOVEMBER

24 NOVEMBER

25 NOVEMBER

26 NOVEMBER

27 NOVEMBER

28 NOVEMBER

29 NOVEMBER

30 NOVEMBER

01 DECEMBER

02 DECEMBER

03 DECEMBER

04 DECEMBER

05 DECEMBER

06 DECEMBER

07 DECEMBER

08 DECEMBER

09 DECEMBER

10 DECEMBER

11 DECEMBER

12 DECEMBER

13 DECEMBER

14 DECEMBER

15 DECEMBER

16 DECEMBER

17 DECEMBER

18 DECEMBER

19 DECEMBER

20 DECEMBER

21 DECEMBER

22 DECEMBER

23 DECEMBER

24 DECEMBER

25 DECEMBER

26 DECEMBER

27 DECEMBER

28 DECEMBER

29 DECEMBER

30 DECEMBER

31 DECEMBER

01 JANUARY

02 JANUARY

03 JANUARY

paperstyle

RYLAND
PETERS
& SMALL